CW00968921

Receitas de Natal

Solange Maciel de Melo

Published by Sol Melo, 2024.

RECEITAS DE NATAL

First edition. October 8, 2024.

ISBN: 979-8227640765

Written by Solange Maciel de Melo.

Sumário

Sumário

RECEITAS DE NATAL

Solange M. Melo.

INTRODUÇÃO

O Natal é uma época que traz consigo mais do que presentes e decoração — ele nos brinda com o verdadeiro sabor da tradição, com receitas que são passadas de geração em geração e que aquecem nossos corações tanto quanto nossas mesas. Neste livro, você encontrará uma coleção de receitas natalinas que vão além de simples pratos; cada uma delas carrega histórias e memórias que transformam o ato de cozinhar em um gesto de amor e celebração.

Da clássica rabanada à sofisticada farofa natalina, cada receita é uma chance de se reconectar com as raízes da culinária familiar e de criar tradições ao lado de quem você ama. Prepare-se para embarcar em uma jornada de sabores e lembranças que vão tornar o seu Natal ainda mais especial.

RECEITA 1- RABANADA

A rabanada é um dos doces mais tradicionais do Natal brasileiro, um jeito delicioso de reaproveitar pão velho. Sua origem remonta à Península Ibérica, onde era usada para alimentar pessoas em períodos de jejum. Aqui, ela ganha um toque a mais com a adição de açúcar e canela.

Ingredientes:

5 pães franceses amanhecidos (ou outro pão firme, como baguete)

500 ml de leite

1 lata de leite condensado (opcional para um toque extra de doçura)

3 ovos

1 colher de chá de essência de baunilha (opcional)

Açúcar a gosto

Canela em pó a gosto

Óleo para fritar

Modo de Preparo:

Corte os pães: Utilize pães amanhecidos (duros) e corte-os em fatias grossas, de aproximadamente 2 cm de espessura. O pão do dia anterior é ideal, pois absorve melhor os líquidos sem se desmanchar.

Prepare a mistura de leite: Em uma tigela funda, misture o leite com a essência de baunilha e, se desejar, um pouco de leite condensado para adoçar a mistura. Isso vai dar uma cremosidade e doçura extra. Mexa bem até que o leite condensado se dissolva completamente.

Bata os ovos: Em outra tigela, bata os ovos até obter uma mistura homogênea. Esse será o segundo banho das fatias de pão.

Mergulhe as fatias de pão: Primeiro, mergulhe as fatias de pão na mistura de leite, deixando-as absorver o líquido por alguns segundos. Tome cuidado para que elas não fiquem encharcadas e se desmanchem.

Passe nos ovos: Em seguida, passe cada fatia de pão já embebida no leite nos ovos batidos, cobrindo bem ambos os lados.

Frite as rabanadas: Aqueça o óleo em uma frigideira grande. Quando o óleo estiver bem quente, frite as fatias de pão, uma de cada vez, até que fiquem douradas e crocantes dos dois lados. Retire-as e coloque em um prato coberto com papel toalha para absorver o excesso de óleo.

Finalização: Em uma tigela separada, misture o açúcar e a canela a gosto. Polvilhe essa mistura sobre as rabanadas enquanto ainda estão quentes para que o açúcar grude bem.

Dica Extra:

Para uma **versão mais saudável**, você pode assar as rabanadas em vez de fritá-las. Coloque-as em uma assadeira untada e leve ao forno a 180°C por cerca de 20 minutos, virando na metade do tempo para dourar os dois lados.

Se quiser dar um toque sofisticado, sirva as rabanadas com uma **calda de vinho do Porto** ou mel, o que traz uma combinação incrível de sabores.

Essa receita é fácil de personalizar, então sinta-se à vontade para brincar com os ingredientes e ajustar ao seu gosto!

RECEITA 2. Salpicão de Frango

O salpicão é uma salada típica brasileira servida fria, perfeita para o clima quente do Natal. Ele é leve, colorido e cheio de sabores contrastantes.

Ingredientes:

500g de peito de frango

2 cenouras grandes raladas

1 lata de milho verde

1 lata de ervilha

100g de uvas-passas (opcional)

1 maçã verde (para um toque ácido e fresco)

1 limão (suco)

200g de maionese

Batata palha (ou chips de batata-doce caseiros)

Sal e pimenta a gosto

Azeite de oliva

Modo de Preparo:

Preparar o frango: Cozinhe o peito de frango em água com sal e temperos de sua preferência (pode ser alho, folha de louro ou cebola). Depois de cozido, desfie-o completamente

com um garfo ou, se preferir, use uma batedeira em velocidade baixa para desfiar rapidamente.

Montagem da base: Em uma tigela grande, misture o frango desfiado com a cenoura ralada, o milho, a ervilha e as uvas-passas. Para quem não é fã de uvas-passas, pode pular essa etapa ou adicionar outra fruta seca, como damasco ou ameixa.

A maçã verde: Descasque e corte a maçã verde em cubinhos. Logo após, regue-a com o suco de limão para evitar que ela escureça e para adicionar um toque cítrico ao prato. Esse ingrediente dará um equilíbrio interessante ao doce da cenoura e das passas.

Temperar: Tempere a mistura com sal e pimenta a gosto. Adicione um fio de azeite de oliva para dar mais cremosidade e sabor à salada.

Incorporar a maionese: Adicione a maionese aos poucos, misturando até que todos os ingredientes estejam bem incorporados. A quantidade de maionese pode variar de acordo com sua preferência — se gosta de salpicão mais cremoso, adicione um pouco mais.

Finalização com batata palha: Pouco antes de servir, adicione a batata palha por cima para garantir que ela continue crocante. Se você estiver usando chips de batata-doce caseiros, frite finas fatias de batata-doce e salpique sobre a salada.

Decoração: Sirva o salpicão em uma travessa bonita e, se quiser, decore com folhas de alface ao redor para dar um ar mais festivo à apresentação.

Dicas Especiais:

Para uma versão mais saudável, você pode substituir a maionese por iogurte natural ou uma combinação de iogurte e creme de ricota.

Se quiser dar um toque mais sofisticado, adicione nozes ou castanhas picadas no final, o que trará uma textura crocante e um sabor especial.

Essa receita é excelente para a ceia de Natal por ser prática e refrescante, perfeita para os dias quentes de dezembro no Brasil. A mistura de sabores e texturas, do frango ao crocante da batata palha (ou batata-doce), com o frescor da maçã verde, transforma o salpicão em um prato inesquecível!

RECEITA 3. Arroz à Grega: Um Clássico Brasileiro

Apesar do nome, o Arroz à Grega é totalmente brasileiro e costuma brilhar nas ceias de Natal, sendo aquele acompanhamento colorido que alegra qualquer mesa. A mistura de cores e sabores faz dele um prato festivo e perfeito para a ocasião.

Ingredientes

2 xícaras de arroz (preferencialmente agulhinha, para um grão solto)

1 cenoura média cortada em cubos pequenos

1/2 xícara de ervilhas (frescas ou congeladas)

1/2 xícara de milho verde (opcional)

1/4 de xícara de uvas-passas (sem sementes)

1 cebola pequena picada

2 dentes de alho amassados

3 colheres de sopa de azeite

4 xícaras de água quente

Sal a gosto

Salsinha picada para finalizar (opcional)

Modo de Preparo

Refogar o arroz: Comece aquecendo o azeite em uma panela média. Acrescente a cebola picada e refogue até que ela fique transparente, o que leva cerca de 2 a 3 minutos. Em seguida, adicione o alho e mexa por mais 1 minuto, apenas para liberar aquele aroma delicioso.

Cenoura e arroz: Junte os cubinhos de cenoura à panela e refogue por mais 2 minutos. Isso ajuda a amaciar a cenoura e liberar seus sabores. Em seguida, adicione o arroz cru e mexa bem, para que todos os grãos fiquem envolvidos no azeite e absorvam o sabor.

Adicionar água e cozinhar: Despeje as 4 xícaras de água quente sobre o arroz, tempere com sal a gosto e misture tudo. Tampe a panela e deixe cozinhar em fogo médio por cerca de 10 minutos, até que o arroz comece a absorver a água, mas ainda esteja levemente úmido.

Finalizar com ervilhas, passas e milho: Agora é o momento de dar vida ao prato! Adicione as uvas-passas, ervilhas e, se estiver usando, o milho verde. Misture delicadamente para que os ingredientes se incorporem ao arroz sem quebrar os grãos. Tampe novamente e deixe cozinhar por mais 5 minutos, até que o arroz esteja totalmente cozido e os sabores tenham se misturado.

Descansar e servir: Assim que o arroz estiver cozido, desligue o fogo e deixe a panela tampada por alguns minutos. Isso ajuda o arroz a terminar de cozinhar com o calor residual e ficar ainda mais soltinho. Antes de servir, salpique salsinha fresca por cima para dar um toque de cor e frescor.

Dicas e Variações

Toque crocante: Se quiser adicionar mais textura ao seu arroz, experimente incorporar nozes picadas ou amêndoas torradas. Elas trazem uma crocância deliciosa que combina muito bem com o sabor adocicado das uvas-passas.

Versão sem passas: Sabemos que as uvas-passas podem ser polêmicas! Se alguém da sua família não for fã, você pode substituí-las por damascos picados ou até mesmo deixar o prato sem frutas secas.

Cores extras: Para uma apresentação ainda mais vibrante, você pode adicionar pimentão vermelho e amarelo em cubinhos junto com a cenoura. Isso dá um visual ainda mais festivo e saboroso.

História e Conexão Familiar

Aqui em casa, o Arroz à Grega é aquele prato que nunca falta nas festas de fim de ano. Minha avó fazia questão de caprichar no colorido, dizendo que as cores representavam a alegria e a união da família. Para ela, quanto mais colorido o arroz, mais bonito era o ano que estávamos encerrando e o que estava por vir. Cada garfada traz um pouco dessa tradição e do calor familiar.

Esse é um prato que combina praticidade e tradição, perfeito para uma ceia natalina brasileira. Aposte nele e surpreenda seus convidados com sabor e um toque afetivo.

RECEITA 4. Leitão Assado

Uma receita natalina cheia de tradição, especialmente no interior do Brasil. Um prato que reúne famílias ao redor da mesa, marcando presença nas celebrações com seu sabor marcante e sua apresentação imponente. Aqui está a versão detalhada e com toques especiais para garantir que sua carne fique macia e saborosa e a pele crocante, do jeito que todo mundo ama!

Ingredientes:

1 leitão de aproximadamente 6 a 8 kg

8 dentes de alho amassados

Sal a gosto (em média 2 colheres de sopa)

Pimenta-do-reino moída na hora

500 ml de vinho branco seco

1 ramo de alecrim fresco

1 ramo de tomilho fresco

3 folhas de louro

Suco de 4 limões

Azeite para regar

Preparo:

Preparando o Leitão:

Primeiro, lave o leitão cuidadosamente por dentro e por fora. Passe o suco de limão em toda a carne e deixe descansar por uns 10 minutos. Enxague levemente e seque bem com um pano ou papel-toalha. Isso vai ajudar a tirar qualquer resquício de odor e também deixará a carne ainda mais macia.

Temperando:

Numa tigela, misture o alho amassado, o sal, a pimenta, o vinho branco, o alecrim, o tomilho e as folhas de louro. Esse é o tempero base que vai penetrar na carne, trazendo um aroma incrível. Esfregue essa mistura em todo o leitão, por dentro e por fora, massageando bem. Deixe marinar por pelo menos 12 horas, ou de um dia para o outro, na geladeira. Se puder, vire o leitão na metade do tempo para garantir que todo o tempero seja absorvido uniformemente.

Hora de Assar:

Pré-aqueça o forno a 180°C. Coloque o leitão em uma assadeira grande com uma grelha, para que ele não fique diretamente no fundo. Isso ajuda a deixar a pele crocante por todos os lados. Cubra o leitão com papel-alumínio, mas deixe um pouco de espaço para o vapor circular, o que vai manter a carne macia. Coloque uma bandeja com água no forno, embaixo da grelha, para manter a umidade.

Assando Lentamente:

Asse o leitão coberto por aproximadamente 3 a 4 horas, dependendo do tamanho, regando ocasionalmente com o líquido que se forma na assadeira. Isso vai garantir que ele não resseque. Quando a carne estiver bem macia, retire o papel-alumínio e aumente a temperatura do forno para

220°C. Deixe por mais 30 a 40 minutos, ou até a pele ficar dourada e crocante.

Finalizando:

Retire o leitão do forno e deixe descansar por uns 20 minutos antes de cortar. Esse tempo de descanso vai ajudar a manter os sucos da carne, deixando-a ainda mais suculenta na hora de servir.

Dicas para o Sucesso:

A Pele Perfeita: Se a pele não estiver crocante o suficiente, você pode passar um pouco de azeite com um pincel nos últimos 10 minutos de forno, mas fique de olho para não queimar!

Acompanhamentos: Um purê de batatas ou uma farofa rica com frutas secas complementa muito bem o leitão. Além disso, molhos à base de frutas, como o de abacaxi ou manga, trazem um toque agridoce que equilibra a gordura da carne.

Um Toque Especial: Se quiser dar uma cara ainda mais festiva ao prato, decore com ramos de alecrim e frutas da estação, como cerejas ou uvas, em volta do leitão na travessa de servir. Isso dá um toque visual impactante e deixa a mesa natalina ainda mais bonita.

Essa receita é uma verdadeira celebração em forma de prato, unindo tradição, sabor e o carinho que envolve todo o preparo. Cada detalhe, do tempero à crocância da pele, faz a diferença e garante uma ceia de Natal inesquecível!

RECEITA 5. Tender com Frutas – Um Clássico Natalino

O tender é uma daquelas carnes que marcam presença em muitas mesas de Natal pelo Brasil. Sua carne suína, defumada e levemente adocicada, harmoniza perfeitamente com frutas como abacaxi e cerejas. Essa receita é simples, mas cheia de elegância, e traz um charme especial para a ceia.

Ingredientes

1 tender (cerca de 1,5 a 2 kg)

1 xícara de mel

1/4 de xícara de mostarda Dijon

Cravos-da-índia para decorar

Fatias de abacaxi (fresco ou em calda)

Cerejas em conserva para decorar

1/2 xícara de suco de laranja

Modo de Preparo

Preparação do Tender: Retire o tender da embalagem e coloque-o em uma assadeira. Antes de começar a temperar, faça cortes superficiais na carne, formando losangos na parte superior. Isso não apenas deixa o tender mais bonito, como também permite que os temperos penetrem melhor.

Dica: Use uma faca afiada para fazer cortes uniformes. Essa etapa é simples, mas faz toda a diferença na apresentação final.

Decoração com Cravos: Em cada interseção dos losangos, espete um cravo-da-índia. Os cravos não só dão um toque visual especial, mas também perfumam a carne durante o cozimento, com seu aroma marcante.

Curiosidade: O uso dos cravos remonta a uma tradição antiga de festas, simbolizando prosperidade.

Molho Agridoce: Misture o mel com a mostarda Dijon até obter uma calda homogênea. Pincele generosamente essa mistura sobre toda a superfície do tender. Esse toque de mostarda equilibra a doçura do mel, criando um sabor agridoce irresistível.

Dica especial: Se você gosta de sabores mais cítricos, adicione uma pitada de raspas de laranja à mistura.

Assando o Tender: Pré-aqueça o forno a 180°C. Coloque a assadeira com o tender no forno e deixe assar por cerca de 30 a 40 minutos, regando a carne com o suco de laranja de tempos em tempos. Isso vai garantir que a carne fique úmida e ainda mais saborosa.

Dica de ouro: Se o tender começar a dourar muito rápido, cubra com papel-alumínio e retire nos últimos 10 minutos para que fique dourado na medida certa.

Frutas Decorativas: Quando o tender estiver pronto e dourado, retire do forno e decore com as fatias de abacaxi e as cerejas em volta. As frutas trazem um visual natalino e combinam perfeitamente com o sabor levemente defumado da carne.

Finalização e Servir: Deixe o tender descansar por alguns minutos antes de fatiar. Isso permite que os sucos internos se redistribuam pela carne, deixando-a ainda mais suculenta. Sirva acompanhado das frutas e um molho feito com o caldo que se formou na assadeira.

Toque Pessoal

Para dar um charme a mais, eu gosto de caramelizar as fatias de abacaxi antes de usá-las na decoração. Basta grelhar levemente em uma frigideira com um pouco de manteiga e açúcar. Isso intensifica o sabor e cria uma textura maravilhosa!

Essa é uma receita que, além de saborosa, traz uma apresentação incrível para a mesa de Natal. É um prato fácil de preparar, mas que impressiona tanto pelo visual quanto pelo sabor.

RECEITA 6. Farofa Natalina

Esse é um prato que agrada todo mundo, e o melhor de tudo é que você pode personalizar ao seu gosto.

Ingredientes:

2 colheres de sopa de manteiga

1 cebola média picada

2 dentes de alho picados

1 cenoura média ralada

1/2 xícara de uvas-passas

1/2 xícara de castanha-do-pará picada (ou outra castanha de sua preferência)

2 xícaras de farinha de mandioca

Sal e pimenta-do-reino a gosto

Cheiro-verde picado (opcional)

Bacon ou linguiça defumada picados (opcional, se quiser um sabor mais forte)

Modo de preparo:

Comece refogando o alho e a cebola: Aqueça uma frigideira grande em fogo médio e derreta a manteiga. Adicione a cebola picada e o alho, mexendo até que fiquem douradinhos. O aroma dessa base já vai fazer sua cozinha cheirar a festa!

Incorpore a cenoura: Assim que o alho e a cebola estiverem no ponto, adicione a cenoura ralada. Ela vai soltar um pouco de água e suavizar o sabor da farofa. Refogue por uns 2 minutos, apenas para a cenoura amolecer ligeiramente.

Hora dos ingredientes especiais: Adicione as uvas-passas e as castanhas. As passas trazem aquele toque natalino adocicado, enquanto as castanhas dão crocância. Se você não gosta de uvas-passas (sei que isso é polêmico!), pode substituí-las por damascos picadinhos ou outra fruta seca. Se estiver usando bacon ou linguiça, adicione-os agora e refogue até que fiquem dourados e soltando sabor.

Mistura da farinha: Agora vem a parte que transforma tudo em farofa. Vá adicionando a farinha de mandioca aos poucos, mexendo sempre. O objetivo aqui é que a farinha fique bem envolvida nos sabores da manteiga, alho, cebola e dos outros ingredientes. Continue mexendo até que a farinha fique levemente dourada e crocante. Não deixe secar demais!

Finalização: Tempere com sal e pimenta a gosto e, se gostar, adicione cheiro-verde picado para um toque fresco.

Sirva quente: A farofa natalina é perfeita para acompanhar o peru, tender, ou até aquele franguinho assado da ceia. O equilíbrio entre o doce das passas e o salgado dos outros ingredientes faz dela um prato especial que agrada a maioria das pessoas.

Dica pessoal: *Se você quiser uma farofa com ainda mais textura, pode acrescentar outros tipos de castanhas, como nozes ou amêndoas. Isso traz mais camadas de sabor e eleva o prato!*

Essa receita é super versátil, fácil de fazer e cheia de sabor. Ela representa bem a criatividade brasileira na cozinha, misturando o tradicional com o moderno.

RECEITA 7. Peru Assado

Preparar um peru assado no Natal é mais do que cozinhar, é um ritual que marca a celebração de fim de ano, reunindo família e amigos em volta da mesa. Aqui está uma receita completa, escrita de maneira simples, mas cheia de carinho e sabor!

Ingredientes:

1 peru de aproximadamente 5 kg

1 garrafa de vinho branco seco

5 dentes de alho amassados

Ervas frescas (sálvia, alecrim, tomilho)

1 cebola grande picada

Sal e pimenta a gosto

200g de bacon em fatias finas

Azeite de oliva

Suco de 2 limões

1 colher de sopa de manteiga

Preparo:

Preparando o Peru:

Um dos segredos para um peru suculento é temperá-lo com bastante antecedência. Comece descongelando o peru (caso esteja congelado) e, depois, retire os miúdos (geralmente vem um pacotinho dentro da ave com coração, fígado etc.). Eles podem ser usados para fazer um caldo ou uma farofa, se preferir.

Temperando o Peru:

Em uma tigela grande, misture o vinho branco, alho, cebola picada, suco de limão, azeite de oliva, e as ervas frescas picadas (não economize nas ervas – elas vão perfumar a carne!). Tempere com sal e pimenta a gosto. Coloque o peru dentro de um saco plástico grande e despeje essa marinada por cima, garantindo que a ave fique totalmente envolvida no líquido. Feche bem o saco e leve à geladeira para marinar por, pelo menos, 12 horas (o ideal é deixar de um dia para o outro). De vez em quando, vire o peru dentro da marinada para que ele absorva bem o sabor de todos os lados.

Hora de Assar:

Depois que o peru estiver bem temperado, pré-aqueça o forno a 180°C. Retire o peru da marinada (reserve o líquido!) e coloque-o em uma assadeira grande. Agora vem o truque que garante a suculência: pegue as fatias de bacon e cubra todo o peito do peru com elas. Isso vai evitar que essa parte da carne, que é mais seca, resseque durante o assado, deixando-a macia e saborosa. Passe um pouco de manteiga por cima de todo o peru também.

Assando o Peru:

Cubra a assadeira com papel-alumínio, de forma que ele não fique colado ao peru, mas que cubra bem para manter a umidade dentro da assadeira. Leve ao forno por cerca de 1 hora e meia. Durante esse tempo, vá regando o peru com a marinada reservada (a cada 30 minutos, abra o forno e regue um pouco por cima da carne). Isso vai garantir que o peru fique bem saboroso e suculento.

Finalizando o Peru:

Após esse tempo, retire o papel-alumínio e deixe o peru assar por mais 1 hora ou até dourar bem. O tempo total de assado pode variar dependendo do tamanho da ave, então fique de olho: o peru estará pronto quando você espetar uma faca na parte mais grossa da carne e os sucos saírem claros, sem sinais de sangue.

Servindo:

Deixe o peru descansar por uns 15 minutos antes de cortá-lo. Isso vai permitir que os sucos se redistribuam dentro da carne, mantendo-a suculenta. Sirva o peru acompanhado de uma farofa natalina, arroz com passas ou uma bela salada de batatas.

Dica final: Se sobrar peru (e sempre sobra!), você pode desfiá-lo e usar para fazer um salpicão no dia seguinte. Fica uma delícia e é ótimo para aqueles almoços pós-Natal mais descontraídos.

História e toque pessoal:

Preparar o peru em casa é sempre um evento. Na minha família, todos têm uma "opinião" sobre como temperar a ave – uns preferem mais ervas, outros mais alho. Mas, no fim, o que conta mesmo é o momento de reunir todos para fazer a refeição. E, claro, aquele cheirinho de peru assado que vai se espalhando pela casa ao longo do dia, que parece sempre nos lembrar que o Natal está perto e que é hora de celebrar!

RECEITA 8. Bacalhau à Brasileira

O Bacalhau à Brasileira é um prato que traz o sabor do Natal e uma pitada de tradição nas mesas brasileiras, especialmente nas regiões Sudeste e Sul. Este prato é uma verdadeira celebração de sabores e aromas, unindo a cultura portuguesa com ingredientes brasileiros. Vamos ao passo a passo dessa delícia!

Ingredientes

500 g de bacalhau desfiado (dessalgado)

2 cebolas grandes, fatiadas

2 pimentões (um vermelho e um verde), fatiados

3 tomates maduros, sem pele e picados

4 batatas médias, descascadas e cortadas em rodelas

1/2 xícara de azeitonas pretas ou verdes

1/2 xícara de azeite de oliva

2 ovos cozidos, cortados em rodelas (opcional)

1/2 xícara de ervilhas (opcional)

Sal e pimenta a gosto

Cheiro-verde picado para decorar

Modo de Preparo

Dessalgando o Bacalhau: Comece dessalgando o bacalhau, que é essencial para tirar o excesso de sal. Coloque o bacalhau em uma tigela grande com água e deixe de molho por 24 horas, trocando a água várias vezes. Após esse tempo, escorra e reserve.

Preparando as Batatas: Cozinhe as batatas em água e sal até ficarem al dente. Evite cozinhar demais para que não desmanchem na hora de montar o prato. Após o cozimento, escorra e reserve.

Refogando os Vegetais: Em uma panela grande, aqueça o azeite de oliva e adicione as cebolas fatiadas. Refogue até que fiquem transparentes. Em seguida, adicione os pimentões e refogue por mais alguns minutos. Depois, acrescente os tomates picados e cozinhe até que estejam macios.

Acrescentando o Bacalhau: Misture o bacalhau desfiado ao refogado de cebola, pimentão e tomate. Cozinhe por cerca de 10 minutos, mexendo de vez em quando. Verifique o sal, pois o bacalhau pode já estar no ponto desejado.

Montagem do Prato: Em um refratário, comece a montagem colocando uma camada de batatas cozidas. Em seguida, adicione a mistura de bacalhau com os vegetais por cima. Se desejar, distribua as ervilhas e as rodelas de ovo cozido sobre a mistura.

Finalização: Decore com azeitonas e regue com mais um fio de azeite de oliva. Leve ao forno preaquecido a 180°C por cerca de 20 a 30 minutos, ou até que tudo esteja bem aquecido e os sabores se misturem.

Servir: Retire do forno, decore com cheiro-verde picado e sirva quente. Este prato é perfeito como prato principal para sua ceia de Natal!

Dicas

Para um toque especial, experimente adicionar um pouco de pimentão doce ou tempero baiano ao refogado.

O bacalhau pode ser substituído por outros tipos de peixes desfiados, caso você prefira uma versão diferente.

Servir com arroz branco ou uma salada fresca complementa muito bem o prato.

Essa receita de Bacalhau à Brasileira não é apenas um prato; é uma maneira de conectar-se com a cultura e as tradições familiares durante as festas. Aproveite essa deliciosa combinação de sabores e faça do seu Natal um momento ainda mais especial!

RECEITA 9. Chester Assado

O Chester é uma ave que se tornou uma tradição nas ceias de Natal no Brasil. Sua carne é macia e suculenta, e, ao contrário do peru, é mais fácil de encontrar e preparar, além de ter um sabor suave que combina perfeitamente com acompanhamentos diversos. Esse prato não só enriquece a mesa festiva, mas também traz um toque especial às reuniões familiares.

Ingredientes

1 Chester (cerca de 3 a 4 kg)

1 copo de vinho branco seco

4 dentes de alho picados

2 colheres de sopa de ervas finas (como tomilho, alecrim e orégano)

Sal e pimenta-do-reino a gosto

1/2 xícara de azeite de oliva

2 cebolas grandes cortadas em rodelas

1/2 xícara de água

Para o molho de frutas vermelhas:

1 xícara de frutas vermelhas (como morangos, framboesas e amoras)

1/2 xícara de açúcar

1/2 xícara de água

Suco de 1 limão

Passo a Passo

Preparando o Chester:

Descongelar e limpar: Se o seu Chester estiver congelado, descongele na geladeira por cerca de 24 horas antes de cozinhar. Remova os miúdos e enxágue bem a ave com água corrente.

Temperar: Em uma tigela, misture o vinho branco, o alho picado, as ervas, o sal, a pimenta e o azeite. Esfregue essa mistura por toda a ave, incluindo por baixo da pele para que os temperos penetrem bem. Deixe marinar por pelo menos 2 horas, ou preferencialmente, durante a noite na geladeira. Isso garantirá um sabor mais intenso.

Assando o Chester:

Preparar a assadeira: Pré-aqueça o forno a 180°C. Em uma assadeira grande, coloque as rodelas de cebola no fundo, formando uma cama para o Chester. Isso não só adiciona sabor, mas também ajuda a manter a umidade da carne.

Colocar a ave na assadeira: Coloque o Chester sobre as cebolas, regue com um pouco da marinada restante e adicione a água na assadeira para criar vapor durante o cozimento.

Cobrir e assar: Cubra a assadeira com papel-alumínio e leve ao forno por aproximadamente 2 horas. Isso ajuda a manter a carne úmida. Após esse tempo, retire o papel-alumínio e deixe assar por mais 30 a 40 minutos, regando a cada 15 minutos com o caldo da assadeira, até que a pele fique dourada e crocante.

Preparando o Molho de Frutas Vermelhas:

Cozinhar as frutas: Em uma panela, misture as frutas vermelhas, o açúcar, a água e o suco de limão. Cozinhe em fogo médio até que as frutas estejam macias e o molho tenha engrossado, cerca de 10 minutos.

Finalizar o molho: Se preferir, pode bater o molho no liquidificador para uma textura mais lisa, mas é opcional. Reserve.

Servindo:

Retirar do forno: Após o tempo de assado, retire o Chester do forno e deixe descansar por cerca de 15 minutos antes de fatiar. Isso ajuda a manter a suculência da carne.

Montar o prato: Sirva as fatias de Chester em um prato grande, acompanhadas do molho de frutas vermelhas por cima ou em uma molheira ao lado.

Dica Especial

A combinação do sabor suave do Chester com o molho de frutas vermelhas cria um contraste perfeito que eleva a experiência da ceia. O molho não apenas adiciona um toque de frescor, mas também enriquece visualmente o prato.

RECEITA 10. Manjar de Coco com Calda de Ameixa

O manjar de coco com calda de ameixa! Esse é um clássico que traz uma sensação de carinho e aconchego em cada colherada. É o tipo de sobremesa que tem aquele sabor de infância, de ceia em família, e que nos transporta para momentos especiais. Vou te contar como preparar essa delícia, passo a passo, como se estivéssemos juntos na cozinha.

Ingredientes

Para o manjar:

1 litro de leite

200 ml de leite de coco (quanto mais cremoso, melhor)

1 xícara (chá) de açúcar

7 colheres (sopa) de amido de milho (maisena)

Para a calda de ameixa:

200 g de ameixas secas sem caroço

1 xícara (chá) de açúcar

2 xícaras (chá) de água

1 pauzinho de canela (opcional, mas faz uma diferença!)

Modo de preparo

Preparando o manjar: Comece dissolvendo o amido de milho em um pouquinho de leite frio. Essa é uma dica de ouro para evitar que o manjar fique empelotado. Em uma panela grande, coloque o restante do leite, o leite de coco e o açúcar. Leve ao fogo médio, mexendo sempre, e adicione a mistura de amido de milho.

Mexa com carinho: Agora, esse é o momento em que a mágica acontece! Continue mexendo com uma colher de pau ou um fouet (aquele batedor de arame) até a mistura começar a engrossar. Não tenha pressa! O segredo é mexer constantemente para evitar que o fundo queime e o creme fique uniforme.

Hora de deixar descansar: Quando o manjar estiver bem cremoso e engrossar a ponto de soltar da panela, desligue o fogo e despeje em uma forma levemente untada com óleo. A dica aqui é passar só um pouquinho de óleo e tirar o excesso com papel-toalha, assim o manjar desenforma mais fácil. Deixe esfriar um pouco em temperatura ambiente e depois leve à geladeira por pelo menos 4 horas ou até ficar bem firme.

Fazendo a calda de ameixa: Enquanto o manjar gela, vamos à calda. Em uma panela, coloque as ameixas, o açúcar e a água. Se gostar de um toque a mais, adicione um pauzinho de canela — ele vai dar um perfume delicioso! Cozinhe em fogo médio, mexendo de vez em quando, até que as ameixas fiquem macias e a calda comece a engrossar levemente. Depois de pronta, deixe esfriar.

Desenforme e finalize: Na hora de servir, desenforme o manjar em um prato bonito. Se ele estiver resistente, mergulhe rapidamente a base da forma em água quente para ajudar a soltar. Regue com a calda de ameixa e espalhe as ameixas por cima. Acredite, esse visual vai arrancar suspiros dos seus convidados!

Dica especial de família

Uma dica que minha família usa para deixar o manjar ainda mais especial é acrescentar um toque de baunilha ou raspinhas de limão ao creme, antes de ele começar a engrossar. Isso dá uma profundidade de sabor que faz toda a diferença! E se você quiser inovar, a calda de frutas vermelhas realmente é um charme — fica incrível com morangos, framboesas e até um toque de vinho tinto!

Toque final

O manjar de coco é aquele doce que combina com todas as ocasiões. Se você servir bem geladinho, é perfeito para o calor do verão, mas também faz bonito nas festas de fim de ano, com seu ar de sobremesa clássica e reconfortante. O segredo para um manjar inesquecível é o carinho com que você mexe a panela e o capricho na escolha dos ingredientes. Quem prova sente esse cuidado em cada pedacinho!

RECEITA 11. Bolo de Reis

O Bolo de Reis é mais do que apenas uma receita — é uma tradição que se passa de geração em geração, carregada de histórias e momentos que fazem qualquer reunião familiar se tornar ainda mais especial. Na minha família, por exemplo, a preparação desse bolo sempre acontece com todos reunidos na cozinha, relembrando histórias antigas e disputando quem vai ser o sortudo a encontrar a fava escondida na massa. Acredita-se que quem encontra a fava terá sorte durante todo o ano que se inicia.

Ingredientes:

3 xícaras de farinha de trigo

200 g de manteiga (em temperatura ambiente)

4 ovos

1 e 1/2 xícara de açúcar

1 colher de sopa de fermento em pó

1 xícara de leite

1 xícara de frutas cristalizadas

1/2 xícara de uvas-passas (hidratadas em um pouco de rum ou suco de laranja para ficarem mais suculentas)

1 fava de baunilha ou 1 colher de chá de essência de amêndoas

1 pitada de sal

Modo de preparo:

Preparação Inicial:

Antes de começar, ligue o forno a 180°C para pré-aquecer.

Unte e enfarinhe uma forma redonda, de preferência com um furo no meio, para garantir que o bolo asse por igual.

Mistura da Massa:

Em uma tigela grande, coloque a manteiga e o açúcar. Bata bem com uma batedeira até obter um creme claro e fofo. Esse passo é importante, pois quanto mais você bater, mais aerada e leve ficará a massa do bolo. Adicione os ovos, um a um, batendo bem após cada adição. Isso ajuda a incorporar os ovos de forma uniforme na massa.

Adicionando os Ingredientes Secos:

Em outra tigela, peneire a farinha de trigo, o fermento e a pitada de sal. Isso vai evitar grumos e deixar o bolo ainda mais macio.

Adicione os ingredientes secos à mistura de manteiga e ovos, alternando com o leite. Comece e termine com a farinha. Misture delicadamente com uma espátula ou colher de pau, para não desenvolver o glúten em excesso e deixar a massa dura.

Toque Especial:

Acrescente as frutas cristalizadas e as uvas-passas, envolvendo-as na massa. Para que as frutas não afundem no bolo, uma dica é passá-las rapidamente na farinha de trigo antes de misturá-las. Isso vai distribuir melhor as frutas na massa.

Adicione a fava de baunilha ou a essência de amêndoas, mexendo suavemente para incorporar o aroma.

Segredo da Sorte:

Aqui vem um truque que é tradição na nossa família: colocamos uma pequena fava ou até mesmo uma moeda limpa (envolta em papel-manteiga) dentro da massa. Dizem que quem encontra o "presente" escondido terá um ano cheio de sorte e boas energias!

Levando ao Forno:

Coloque a massa na forma já preparada e leve ao forno pré-aquecido. Asse por cerca de 40 a 50 minutos ou até que o bolo esteja dourado e passe no teste do palito (quando espetar o palito no centro do bolo, ele deve sair limpo).

Finalização:

Deixe o bolo esfriar na forma por cerca de 10 minutos antes de desenformá-lo. Depois, transfira para uma grade ou prato para esfriar completamente.

Se quiser, polvilhe açúcar de confeiteiro por cima para dar um toque especial e decorar com mais algumas frutas cristalizadas.

Dicas e Truques Exclusivos:

Rum ou Licor de Laranja: Um truque que nossa família usa é hidratar as uvas-passas em rum ou licor de laranja por algumas horas antes de adicionar à massa. Isso deixa o bolo com um sabor incrível e faz toda a diferença.

Aromatização Extra: Se você gostar de sabores mais intensos, experimente adicionar raspas de limão ou laranja à massa. O frescor das raspas combina perfeitamente com as frutas cristalizadas e realça ainda mais o aroma do bolo.

Bolo Mais Molhadinho: Para deixar o bolo mais úmido, você pode fazer uma calda simples com açúcar, suco de laranja e um toque de licor, e regar o bolo assim que ele sair do forno. Isso faz com que ele fique ainda mais saboroso e prolonga a sua durabilidade.

Este bolo é sempre um sucesso nas festas de fim de ano, especialmente no Dia de Reis, em 6 de janeiro, quando nos reunimos para celebrar e compartilhar esse momento mágico.

RECEITA 12. Pavê de Chocolate

Esse clássico das sobremesas é aquele doce que nunca falta nas festas de família. Aqui em casa, ele não só garante boas risadas com a famosa piada "é pavê ou pra comer?", como também sempre leva um toque especial que só a vovó sabia fazer.

Ingredientes

1 lata de leite condensado
2 xícaras de leite (use a mesma lata para medir)
3 colheres de sopa de amido de milho
4 colheres de sopa de chocolate em pó ou achocolatado (se gostar dele bem docinho)
1 pacote de biscoito maisena
1 caixinha de chantili (ou creme de leite fresco para bater)
Raspas de chocolate meio amargo (opcional, mas altamente recomendado!)

Modo de Preparo

1. **O Creme de Chocolate:**

Em uma panela, misture o leite condensado, o leite e o amido de milho. Dissolva bem o amido no leite frio para não formar grumos.

Adicione o chocolate em pó e leve ao fogo médio, mexendo sem parar. Aqui, a paciência é sua melhor amiga. O segredo é não deixar o creme pegar no fundo da panela.

Quando começar a engrossar e atingir uma consistência cremosa (tipo mingau), desligue o fogo e deixe esfriar um pouco. É bom cobrir o creme com plástico filme em contato direto para não formar aquela película indesejada.

1. **Montagem do Pavê:**

Pegue uma travessa de vidro (daquelas que ficam lindas na mesa de sobremesas) e faça uma camada de biscoito maisena no fundo.

Cubra os biscoitos com uma generosa camada do creme de chocolate, espalhando bem.

Se você quiser seguir o truque que aprendemos com a nossa avó, polvilhe raspas de chocolate meio amargo por cima dessa camada de creme. Isso faz uma diferença enorme no sabor, quebrando um pouco do doce e dando um toque especial.

Continue alternando camadas de biscoito e creme, finalizando com o creme por cima.

1. **Finalização com Chantilly**:

Bata o chantili até ficar bem firme e espalhe por cima da última camada de creme. Se quiser dar um toque mais caseiro, use um garfo para fazer pequenos picos na superfície, criando um visual rústico e bonito.

Finalize com mais algumas raspas de chocolate ou, se for fã de cacau, uma leve peneirada de chocolate em pó por cima.

Truques de Família

Mergulhe os biscoitos no leite! Antes de colocar os biscoitos na travessa, passe cada um deles rapidamente no leite. Isso deixa o pavê ainda mais macio e facilita a absorção dos sabores.

Geladeira é a alma do negócio: Deixe o pavê na geladeira por pelo menos 4 horas antes de servir (se puder, prepare de um dia para o outro). Esse tempo é crucial para que os sabores se misturem e os biscoitos absorvam toda a cremosidade do creme.

Essa receita é sempre um sucesso! E o melhor de tudo é que, apesar de ser simples, cada família acaba criando a sua própria versão, com aquele toque que só quem já fez muitas vezes sabe dar.

13. Receita de Bacalhau Cremoso ao Forno

Essa receita de bacalhau é daquelas que sempre traz memórias e aconchego. Na minha casa, ela é o destaque das reuniões familiares, com a cozinha cheia de gente, risadas e aquele aroma maravilhoso de comida caseira. Vou te contar como a gente faz, com todos os truques e detalhes que aprendemos ao longo dos anos para deixar esse prato ainda mais especial.

Ingredientes

500g de bacalhau dessalgado (ou deixe de molho por 24 horas, trocando a água algumas vezes)

4 batatas médias

1 cebola grande em rodelas finas

3 colheres de sopa de azeite de oliva extravirgem

2 dentes de alho picados

2 xícaras de leite

1 colher de sopa de manteiga

2 colheres de sopa de farinha de trigo

1 caixinha de creme de leite

Sal e pimenta-do-reino a gosto

Noz-moscada (opcional, mas altamente recomendada!)

Queijo parmesão ralado para gratinar

Modo de Preparo

Dessalgar o bacalhau: Esse é o primeiro passo, e não adianta ter pressa! Se você estiver usando bacalhau salgado, coloque-o de molho em uma tigela grande com bastante água, e deixe por pelo menos 24 horas, trocando a água várias vezes. Quanto mais tempo, melhor o sabor e textura ficam.

Cozinhe as batatas: Enquanto o bacalhau dessalga, descasque as batatas e corte-as em rodelas médias. Cozinhe as batatas em água com um pouquinho de sal até ficarem macias, mas sem desmanchar. Elas ainda vão ao forno, então deixe al dente.

Desfie o bacalhau: Depois de dessalgado, cozinhe o bacalhau por alguns minutos em água fervente. Isso ajuda a amolecer ainda mais e facilita desfiar em lascas grandes. Na minha casa, gostamos de deixar pedaços mais rústicos para sentir bem o sabor do bacalhau no prato.

Prepare o molho branco: Em uma panela, derreta a manteiga em fogo baixo e adicione a farinha de trigo, mexendo constantemente até formar uma pastinha dourada (isso se chama Roux). Aos poucos, vá adicionando o leite, mexendo sempre para não empelotar. Quando o molho começar a engrossar, tempere com sal, pimenta e um toque de noz-moscada. O truque aqui é adicionar um fiozinho de azeite ao molho para trazer aquele sabor especial.

Montagem do prato: Em um refratário, faça uma camada de batatas cozidas, seguida de uma camada generosa de bacalhau desfiado. Por cima, espalhe as rodelas de cebola e o alho picado. Regue com um pouco mais de azeite para intensificar os sabores. Em seguida, despeje o molho branco, garantindo que ele se misture bem ao bacalhau e às batatas.

Creme de leite para dar o toque cremoso: Misture uma caixinha de creme de leite ao restante do molho branco antes de espalhar por cima do prato montado. Isso vai dar aquele toque cremoso que faz toda a diferença quando sai do forno.

Hora de gratinar: Finalize com uma camada generosa de queijo parmesão ralado por cima de tudo. A dica da minha avó é usar uma mistura de parmesão com um pouco de queijo muçarela para deixar a crosta bem dourada e crocante.

Leve ao forno: Coloque o refratário em forno pré-aquecido a 180°C e deixe gratinar por cerca de 25 a 30 minutos, ou até que a crosta esteja bem dourada e borbulhando. O cheiro vai invadir a casa e deixar todos com água na boca!

Sirva com amor: Tire do forno e deixe esfriar por uns cinco minutos antes de servir. Isso ajuda a firmar o molho e intensifica os sabores.

Dicas e Tradições de Família

Segredo de família: Minha mãe sempre dizia para não ter pressa na hora de dessalgar o bacalhau. Se puder, deixe por 48 horas para um sabor mais suave e uma textura perfeita.

Azeite é essencial: Um bom azeite de oliva é a alma desse prato. Não economize na hora de regar as camadas, pois ele faz toda a diferença no sabor final.

Variações com legumes: Se quiser dar um toque diferente, adicione rodelas de pimentão vermelho ou verde entre as camadas. Dá uma cor bonita e um sabor extra ao prato.

Essa receita é um convite para sentar-se em volta da mesa com quem a gente gosta e compartilhar momentos. Cada garfada traz memórias de família, e é isso que a faz tão especial!

RECEITA 14. Lombo de Porco com Abacaxi

Quando se fala em lombo de porco com abacaxi, me vem à memória aquelas reuniões de família em que o aroma doce e levemente cítrico do abacaxi assando no forno se mistura com o cheiro do tempero do lombo. Cada família tem um jeito especial de fazer, mas essa é uma receita que nunca falha em surpreender.

Ingredientes

1 peça de lombo de porco (aproximadamente 1,5 kg)
3 dentes de alho picados
Sal e pimenta-do-reino a gosto
Suco de 2 laranjas
1 abacaxi em rodelas (fresco é sempre melhor)
Um fio de azeite
Ramos de alecrim fresco (opcional)

Modo de preparo

Preparando o lombo: Comece temperando a carne. Pegue o alho picado e esfregue bem no lombo, massageando para que ele penetre nas fibras da carne. Se gosta de um sabor mais intenso, adicione um pouco de pimenta-do-reino e uma pitada generosa de sal. Deixe descansar por pelo menos 30 minutos, para que o tempero se fixe bem.

Segredo do suco de laranja: Aqui em casa, a dica é marinar o lombo no suco de laranja por pelo menos uma hora. O ácido da laranja ajuda a amaciar a carne e dá um toque cítrico que combina perfeitamente com o doce do abacaxi. Se tiver tempo, deixe a carne marinando durante a noite na geladeira — fica ainda mais saboroso.

Montagem para assar: Em uma assadeira, coloque algumas rodelas de abacaxi no fundo, formando uma "cama" para o lombo. Coloque a carne por cima das rodelas e regue tudo com o suco de laranja usado na

marinada. Acrescente um fio de azeite sobre a carne e, se gostar de um aroma mais herbáceo, coloque alguns ramos de alecrim em volta.

O toque final: Cubra a carne com mais algumas rodelas de abacaxi por cima. Isso não é só pelo visual, mas também para que o abacaxi, ao assar, solte seu suco e umedeça o lombo, criando uma crosta levemente caramelizada.

Hora de assar: Leve ao forno pré-aquecido a 180°C por aproximadamente 1 hora e meia. O segredo aqui é regar o lombo com o caldo que se forma na assadeira a cada 20-30 minutos. Isso vai garantir que a carne fique suculenta e saborosa. Quando estiver dourado e com uma leve crosta caramelizada, é sinal de que está pronto.

Dica especial: a farofa de frutas secas

Para acompanhar esse prato, uma farofa de frutas secas é o complemento ideal. Use damascos, uvas-passas, nozes e um pouco de farinha de mandioca torrada. Refogue tudo na manteiga com cebola e um toque de alho. A combinação da crocância da farofa com o toque doce do lombo e do abacaxi é simplesmente irresistível.

Toque de família

Na nossa ceia, meu avô sempre dizia que o abacaxi deve estar bem maduro, quase no ponto de virar doce, para que libere toda a doçura quando estiver assando. Ele também adicionava uma pitada de canela sobre as rodelas de abacaxi, para dar um sabor extra que, segundo ele, era "o segredo para o prato ficar com gosto de festa".

Essa receita de lombo de porco com abacaxi é simples, mas cheia de carinho, ideal para aqueles momentos em que a gente quer algo especial na mesa, seja em uma ceia de Natal ou em um almoço de domingo. É um prato que combina tradição com um toque de frescor tropical.

RECEITA 15. Biscoitos de Gengibre

Os biscoitos de gengibre são muito mais do que uma simples receita de Natal — eles são uma tradição cheia de amor e risadas. Cada detalhe conta, desde o aroma que invade a cozinha até os sorrisos enquanto decoramos juntos.

Ingredientes:

3 xícaras de farinha de trigo

3/4 xícaras de açúcar mascavo

3/4 xícaras de manteiga (em temperatura ambiente)

1/2 xícara de melado ou mel

2 colheres de chá de gengibre em pó

1 colher de chá de canela em pó

1/2 colher de chá de noz-moscada

1/2 colher de chá de cravo-da-índia em pó

1 colher de chá de bicarbonato de sódio

1 ovo

Uma pitada de sal

Passo a Passo:

Mistura dos ingredientes secos: Em uma tigela grande, peneire a farinha, o bicarbonato de sódio, o sal, o gengibre em pó, a canela, a noz-moscada e o cravo-da-índia. Esse processo é importante para garantir que todos os ingredientes se misturem de maneira uniforme.

Preparação da massa: Em outra tigela, bata a manteiga e o açúcar mascavo até obter uma mistura bem cremosa e clara. Em seguida, adicione o ovo e o melado ou mel e bata até que tudo esteja bem incorporado.

Combinando tudo: Aos poucos, adicione os ingredientes secos à mistura de manteiga, mexendo com uma espátula ou com as mãos (é ainda melhor!). Aqui em casa, minha avó sempre dizia que amassar a massa com as mãos era a melhor parte, pois transmitia carinho para os biscoitos.

Descanso da massa: Embrulhe a massa em filme plástico e leve à geladeira por pelo menos 1 hora. Isso é essencial para que os sabores se intensifiquem e para que a massa fique mais fácil de manusear.

Preparação e corte dos biscoitos: Pré-aqueça o forno a 180°C. Sobre uma superfície enfarinhada, abra a massa com um rolo até que ela fique com aproximadamente 0,5 cm de espessura. Use cortadores de biscoito em formatos natalinos (árvores, estrelas, bonecos de neve) para dar vida à massa.

Assando os biscoitos: Coloque os biscoitos em uma assadeira forrada com papel manteiga e leve ao forno por cerca de 8-10 minutos, ou até que as bordas estejam levemente douradas. Lembre-se, o segredo é tirá-los do forno quando ainda estão um pouco macios, pois eles continuarão a endurecer enquanto esfriam.

Dicas Especiais:

Glacê colorido: Para decorar, minha mãe sempre faz um glacê com açúcar de confeiteiro, algumas gotas de suco de limão e corantes alimentícios naturais. Ela diz que o suco de limão faz toda a diferença no sabor, dando aquele toque levemente azedinho que combina perfeitamente com o gengibre.

Toque especial de especiarias: Para dar um sabor mais profundo, você pode experimentar torrar levemente as especiarias (gengibre, canela, noz-moscada e cravo) antes de adicioná-las à massa. Basta colocá-las em uma frigideira seca e aquecer em fogo baixo até que os aromas comecem a exalar. Isso intensifica o sabor e deixa os biscoitos ainda mais irresistíveis.

História da decoração: Aqui, decoramos os biscoitos como um ritual. Colocamos uma música de Natal e passamos a tarde juntos, cada um dando seu toque criativo aos biscoitos. É uma ótima atividade para fazer em família e criar memórias que aquecem o coração.

Toque de avó: Minha avó costumava adicionar uma pitada de pimenta-do-reino branca à massa, apenas o suficiente para dar um leve calor aos biscoitos. Era um segredo que ela dizia dar vida aos sabores das especiarias e destacar ainda mais o gosto do gengibre.

RECEITA 16. Torta de Nozes

Essa receita de Torta de Nozes é uma daquelas que parece um abraço em forma de sobremesa. É uma delícia que a minha avó costumava preparar em ocasiões especiais, especialmente quando a família toda se reunia para o almoço de domingo. Quando a gente via a torta na mesa, sabíamos que o dia ia terminar de um jeito doce.

Ingredientes:

Para a base:

200g de bolacha maisena (ou a sua preferida)

100g de manteiga derretida

Para o recheio:

200g de nozes moídas

1 lata de leite condensado

1 caixinha de creme de leite

Para a cobertura (opcional, mas vale muito a pena!):

200g de doce de leite cremoso

Modo de preparo:

Preparando a base: Comece triturando as bolachas maisena no processador ou com um rolo de massa até que fiquem como uma farinha grossa. Depois, misture com a manteiga derretida até formar uma massa úmida, parecendo uma farofa. Forre o fundo de uma forma de fundo removível com essa mistura, pressionando bem para formar uma base compacta. Dica de família: leve ao congelador por uns 10 minutos enquanto prepara o recheio. Isso ajuda a deixar a base bem firme e crocante.

Fazendo o recheio: Em uma tigela, misture as nozes moídas com o leite condensado e o creme de leite. A textura deve ficar cremosa e homogênea, mas ainda com aqueles pedacinhos crocantes das nozes que são uma explosão de sabor. Minha avó sempre dizia que, se você não se sujar um pouquinho mexendo a mistura, é porque não está fazendo com amor.

Montagem da torta: Retire a base do congelador e espalhe o recheio por cima, nivelando bem com uma espátula. Agora vem o segredo de ouro que minha mãe usa: uma camada generosa de doce de leite por cima do recheio. Isso não estava na receita original da minha avó, mas se tornou o toque especial da nossa família. Ele cria uma camada deliciosa e rica, que combina perfeitamente com o sabor das nozes.

Finalização e descanso: Coloque a torta na geladeira por pelo menos 4 horas, ou de um dia para o outro, para que fique bem firme. A espera vale a pena, pois os sabores se misturam e a torta ganha uma consistência perfeita. Se você estiver com pressa (ou muita vontade de comer!), coloque no freezer por 1 hora para acelerar o processo.

Decoração: Na hora de servir, decore com algumas nozes inteiras ou trituradas por cima. Às vezes, fazemos também fios de caramelo para dar um toque mais elegante. É aquele detalhe que deixa todo mundo com água na boca só de olhar.

Dica Extra:

Se você quiser variar um pouco, experimente adicionar uma pitadinha de sal no doce de leite antes de colocar por cima. O contraste do doce com o salgado faz uma combinação incrível que realça ainda mais os sabores das nozes e do doce de leite.

Essa torta é uma daquelas sobremesas que fazem as pessoas voltarem para a mesa só para pegar "só mais um pedacinho". Ela tem esse poder de reunir todo mundo ao redor e, entre conversas e risadas, deixar o momento ainda mais especial.

RECEITA 17. Moqueca de Bacalhau

O segredo dessa receita está em cada camada de sabor que você constrói com calma e carinho. Vamos ao passo a passo:

Ingredientes:
1 kg de bacalhau dessalgado (de preferência em postas grandes)
400 ml de leite de coco
1 pimentão vermelho e 1 pimentão amarelo, cortados em tiras finas
3 tomates maduros, sem sementes, cortados em rodelas
1 cebola grande, cortada em rodelas finas
2 dentes de alho picados
Coentro fresco a gosto
Azeite de dendê (opcional, mas altamente recomendado!)
Azeite de oliva
Sal e pimenta-do-reino a gosto
Suco de 1 limão
Pimenta dedo-de-moça (se quiser um toque picante)

Passo a Passo:

Prepare o Bacalhau: Se ainda estiver um pouco salgado, lave bem e cozinhe-o rapidamente em água fervente por uns 5 minutos, só para soltar as lascas e dar uma pré-cozida. Reserve o bacalhau e guarde um pouco da água do cozimento, ela pode ser útil para ajustar o sabor no final.

O Segredo do Refogado: Em uma panela grande (de preferência uma de barro, para dar aquele toque mais autêntico), aqueça um fio generoso de azeite de oliva. Refogue a cebola e o alho até ficarem dourados e liberarem aquele cheiro delicioso.

Montando as Camadas de Sabor: Comece a montar as camadas da moqueca. Adicione os pimentões e os tomates em rodelas por cima do refogado. Distribua as postas de bacalhau sobre essa "cama" de legumes.

Coloque outra camada de cebola, tomate e pimentões por cima do bacalhau.

O Caldo Cremoso: Agora, despeje o leite de coco uniformemente sobretudo. Ele vai se misturar com os sucos dos legumes e criar um caldo encorpado e cheio de sabor. Acrescente um pouco de coentro fresco por cima.

Toque Baiano: Se você quer um sabor autêntico, não pode faltar o azeite de dendê! Adicione algumas colheres de azeite de dendê ao caldo — ele vai dar aquela cor dourada e um aroma inconfundível. Mas cuidado, não exagere, porque o dendê é forte!

Cozimento Lento e Delicado: Tampe a panela e deixe cozinhar em fogo baixo por cerca de 20 a 30 minutos, sem mexer muito para não desmanchar o bacalhau. O segredo aqui é o tempo — deixe os sabores se fundirem lentamente, enquanto o leite de coco vai se reduzindo e criando uma textura cremosa.

Toques Finais: Antes de desligar o fogo, experimente o caldo. Se precisar, ajuste com um pouco do caldo de bacalhau que você reservou. Adicione mais coentro e, se gostar de um toque picante, acrescente umas rodelinhas de pimenta dedo-de-moça.

Dicas da Família:

Limão é Vida: Eu sempre espremo um pouco de suco de limão sobre o bacalhau antes de começar a receita. Isso ajuda a tirar qualquer resquício de sal e dá um frescor incrível ao prato.

Arroz como Acompanhamento: Sirva com arroz branco bem soltinho, que ajuda a absorver todo aquele caldo delicioso da moqueca.

Segredo da Vovó: Se o bacalhau estiver muito salgado, minha avó costumava colocar uma batata descascada no caldo. Ela absorvia o excesso de sal enquanto a moqueca cozinhava, e ainda ficava deliciosa!

RECEITA 18. Torta de Frango

Essa receita de torta de frango é daquelas que faz a casa toda ficar com um cheirinho irresistível e traz à memória encontros descontraídos com a família e amigos. Em minha família, sempre dizemos que uma boa torta de frango é como um abraço quente: é simples, acolhedora e tem aquele toque especial que nos faz sentir em casa.

Ingredientes da massa:
3 xícaras de farinha de trigo
1/2 xícara de manteiga (bem gelada e cortada em cubos)
1/2 colher de chá de sal
1 colher de chá de fermento em pó
1/2 xícara de leite gelado
1 gema de ovo (para pincelar)

Ingredientes para o recheio:
500g de peito de frango cozido e desfiado
1 cebola média picada
2 dentes de alho picados
1 tomate picado (sem sementes)
1/2 xícara de milho verde
1/2 xícara de ervilhas
1/2 xícara de azeitonas picadas (opcional)
1 copo de requeijão cremoso (ou Catupiry)
Sal e pimenta a gosto
Salsinha e cebolinha a gosto
Azeite de oliva

Modo de preparo da massa:
Prepare a massa: Em uma tigela grande, misture a farinha de trigo, o sal e o fermento. Acrescente a manteiga gelada e, com a ponta dos dedos,

vá esfarelando até formar uma farofa. A dica aqui é: quanto menos você mexer na massa, mais crocante ela fica!

Adicione o leite gelado aos poucos e misture até que a massa comece a se unir. Se precisar, acrescente um pouquinho mais de leite até dar o ponto certo (a massa deve ser homogênea, mas sem grudar nas mãos).

Embrulhe a massa em um plástico filme e leve à geladeira por cerca de 30 minutos. Isso ajuda a manteiga a ficar bem firme e faz com que a massa asse mais crocante.

Modo de preparo do recheio:

Enquanto a massa descansa, vamos preparar o recheio. Em uma panela, aqueça um fio de azeite e refogue a cebola e o alho até ficarem douradinhos e cheirosos.

Acrescente o frango desfiado e misture bem. Adicione o tomate picado, o milho, as ervilhas e as azeitonas, mexendo tudo para pegar o tempero.

Tempere com sal, pimenta, salsinha e cebolinha a gosto. Minha mãe sempre dizia que esse é o momento de colocar "uma pitada de amor", ou seja, ajuste os temperos até ficar do seu jeito!

Quando estiver tudo bem refogado, desligue o fogo e misture o requeijão cremoso (ou Catupiry). Isso vai dar aquela textura cremosa que a gente adora.

Montagem da torta:

Pegue a massa da geladeira e divida em duas partes, uma um pouco maior que a outra. Com a parte maior, forre o fundo e as laterais de uma forma de torta (de preferência com fundo removível).

Coloque todo o recheio sobre a massa, espalhando bem para que fique uniforme. Abra a outra parte da massa e cubra a torta. Feche bem as bordas e faça furinhos com um garfo ou pequenos cortes para o vapor escapar.

Pincele a torta com a gema de ovo para dar aquele brilho dourado irresistível. Leve ao forno preaquecido a 180°C por cerca de 40 minutos, ou até que a massa esteja douradinha e crocante.

Dica especial da família:

Lá em casa, quando queremos dar um toque extra de sabor, acrescentamos uma camada fininha de queijo parmesão ralado por cima do recheio, antes de fechar a torta. Isso dá um sabor levemente salgado e um perfume incrível enquanto assa. Outra dica é sempre fazer o dobro do recheio e congelar uma parte para quando bater aquela vontade de torta, mas não tivermos muito tempo para cozinhar.

RECEITA 19. Quiche de Alho-Poró

A receita de quiche de alho-poró é uma daquelas que têm sabor de casa de vó. Sabe aquela tarde preguiçosa de domingo, quando a família se reúne na cozinha e o cheirinho de algo gostoso invade todos os cantos? Pois é, é desse tipo de comida que estamos falando. Essa receita pode até ter raízes francesas, mas com o tempo ganhou o toque e os segredos das cozinhas brasileiras.

Ingredientes:
Para a massa (massa quebradiça):
200 g de farinha de trigo
100 g de manteiga gelada (cortada em cubinhos)
1 pitada de sal
1 ovo
1 colher de sopa de água gelada (apenas se necessário)
Para o recheio:
2 talos de alho-poró (somente a parte clara), finamente fatiados
1 colher de sopa de manteiga
3 ovos
200 ml de creme de leite fresco (ou de caixinha)
Sal e pimenta-do-reino a gosto
Noz-moscada (opcional, mas recomendado)
50 g de queijo parmesão ralado (ou gorgonzola para um sabor mais intenso)

Preparo:
Preparando a massa quebradiça: Em uma tigela grande, misture a farinha e o sal. Adicione a manteiga gelada em cubinhos e, com as pontas dos dedos, vá esfarelando a manteiga na farinha até formar uma farofa úmida. Esse passo é quase como um ritual, lembre-se da minha avó dizendo: "O segredo é não deixar a manteiga derreter!". Se precisar, acrescente a colher de água gelada aos poucos, até que a massa se junte.

Forme uma bola com a massa, envolva-a em filme plástico e deixe descansar na geladeira por pelo menos 30 minutos. Esse tempo é importante para que a massa fique bem crocante depois de assada.

O refogado de alho-poró: Enquanto a massa descansa, vamos para o coração da quiche: o recheio. Em uma frigideira grande, derreta a manteiga e refogue o alho-poró em fogo médio-baixo. Aqui em casa, sempre tivemos o costume de cozinhar devagar, deixando o alho-poró suar até ficar macio e levemente caramelizado. Isso tira o sabor forte e deixa um toque adocicado delicioso.

Preparando o recheio cremoso: Em uma tigela, bata os ovos com o creme de leite até que fiquem bem misturados. Tempere com sal, pimenta e um toque de noz-moscada (se gostar). Minha tia sempre dizia que a noz-moscada era o toque secreto, aquele detalhe que ninguém identifica, mas que faz toda a diferença.

Depois, adicione o alho-poró refogado à mistura de ovos e creme de leite. Se quiser, agora é a hora de adicionar o queijo parmesão ou o gorgonzola — e vou te dizer, o gorgonzola dá uma profundidade ao sabor que é irresistível.

Montagem e finalização: Retire a massa da geladeira e abra-a com um rolo em uma superfície levemente enfarinhada. Forre uma forma de torta (de preferência com fundo removível) com a massa, ajustando bem nas laterais e retirando o excesso.

Despeje o recheio sobre a massa já na forma e leve ao forno preaquecido a 180°C por aproximadamente 30-40 minutos, ou até que a quiche esteja firme e dourada por cima.

Dica final e truque da família: *Assim que a quiche sai do forno, deixe-o descansar por pelo menos 10 minutos antes de cortar. Isso permite que os sabores se intensifiquem e o recheio firme um pouco mais, fazendo com que cada fatia saia perfeita.*

Essa receita é perfeita para servir em uma tarde de conversa, acompanhada de uma salada verde e um vinho branco geladinho. Quando você a faz, não está apenas preparando uma refeição; está criando memórias e compartilhando um pouquinho da nossa história em cada fatia.

RECEITA 20. Doce de Rabanada com Sorvete

Essa receita nasceu em um verão escaldante, quando a família se reuniu na casa da vó para o almoço de domingo. Nós queríamos preparar algo que trouxesse aquela memória gostosa das manhãs de Natal, mas que fosse ao mesmo tempo refrescante para enfrentar o calor. Então, nasceu essa versão adaptada da clássica rabanada, que combina o conforto da tradição com a leveza do sorvete e o toque ácido e vibrante das frutas vermelhas.

Ingredientes:

Para a rabanada:

1 baguete ou pão francês amanhecido (de preferência, para que fique bem firme)

2 ovos

1 xícara de leite

1/2 xícara de açúcar

1 colher de chá de canela em pó

Óleo para fritar

Para a calda de frutas vermelhas:

1 xícara de frutas vermelhas (morango, framboesa, amora e mirtilo)

1/2 xícara de açúcar

Suco de meio limão

Raspas de limão ou laranja

Para servir:

Sorvete de creme

Modo de preparo:

Prepare a rabanada:

Corte o pão em fatias de aproximadamente 2 cm. Se estiver bem duro, isso é ainda melhor para que ele absorva a mistura líquida sem se desmanchar.

Em uma tigela, bata os ovos, o leite, o açúcar e a canela até que tudo fique bem misturado.

Mergulhe as fatias de pão na mistura, deixando que absorvam bem, mas sem encharcar demais.

Frite as fatias em óleo quente até que estejam douradas e crocantes dos dois lados. Coloque-as sobre papel-toalha para retirar o excesso de óleo.

Prepare a calda de frutas vermelhas:

Em uma panela, coloque as frutas vermelhas, o açúcar e o suco de limão.

Cozinhe em fogo médio, mexendo ocasionalmente, até que as frutas se desmanchem e a calda engrosse levemente (cerca de 10 minutos).

Acrescente as raspas de limão ou laranja no final para dar aquele toque cítrico especial que equilibra perfeitamente a doçura.

1. Montagem do prato:

Coloque as rabanadas em um prato bonito, despeje uma generosa colherada da calda de frutas vermelhas por cima e finalize com uma bola de sorvete de creme.

Se quiser um toque extra de frescor, adicione mais algumas raspas de limão sobre o sorvete.

Dica Especial:

Lembro da minha avó sempre dizendo que o segredo de uma boa rabanada é a paciência. Nada de pressa ao mergulhar o pão na mistura de leite e ovos – ela dizia que o pão precisava "respirar". E a calda de frutas vermelhas sempre levava um toque de raspas de laranja que ela adicionava no final, como uma surpresa cítrica. Essa dica passou de geração em geração e hoje faz toda a diferença para que o doce não fique tão pesado.

Essa versão de rabanada é perfeita para servir em festas ou encontros no verão, surpreendendo seus convidados com um prato que une tradição e frescor. E o melhor de tudo, é uma receita cheia de histórias e memórias que são a verdadeira alma da cozinha.

Don't miss out!

Visit the website below and you can sign up to receive emails whenever Solange Maciel de Melo publishes a new book. There's no charge and no obligation.

https://books2read.com/r/B-A-VNNMC-JSCCF

BOOKS 2 READ

Connecting independent readers to independent writers.